中华人民共和国环境保护法

（最新图解版）

本书编写组

中国言实出版社

图书在版编目(CIP)数据

中华人民共和国环境保护法 : 最新图解版 / 《中华人民共和国环境保护法》编写组编 . -- 北京 : 中国言实出版社, 2015.8

ISBN 978-7-5171-1470-3

Ⅰ. ①中… Ⅱ. ①中… Ⅲ. ①环境保护法－中国－图解 Ⅳ. ①D922.68-64

中国版本图书馆 CIP 数据核字 (2015) 第 190746 号

责任编辑: 周汉飞

出版发行 中国言实出版社

地　址: 北京市朝阳区北苑路180号加利大厦5号楼105室
邮　编: 100101
编辑部: 北京市西城区百万庄大街甲16号五层
邮　编: 100037
电　话: 64924853（总编室） 64924716（发行部）
网　址: www.zgyscbs.cn
E-mail: zgyscbs@263.net

经　销 新华书店
印　刷 三河市祥达印刷包装有限公司
版　次 2015年10月第1版　2015年10月第1次印刷
规　格 880毫米×1230毫米　1/16　3印张
字　数 21千字
定　价 18.00元　ISBN 978-7-5171-1470-3

目 录

第一章

总则

第一条

为保护和改善环境，防治污染和其他公害，保障公众健康，推进生态文明建设，促进经济社会可持续发展，制定本法。

第二条

本法所称环境，是指影响人类生存和发展的各种天然的和经过人工改造的自然因素的总体，包括大气、水、海洋、土地、矿藏、森林、草原、湿地、野生生物、自然遗迹、人文遗迹、自然保护区、风景名胜区、城市和乡村等。

第三条

本法适用于中华人民共和国领域和中华人民共和国管辖的其他海域。

第四条

保护环境是国家的基本国策。

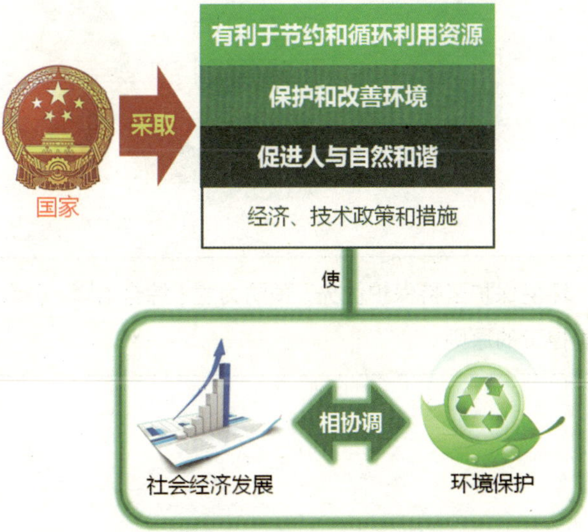

国家采取有利于节约和循环利用资源、保护和改善环境、促进人与自然和谐的经济、技术政策和措施，使经济社会发展与环境保护相协调。

第五条

环境保护坚持保护优先、预防为主、综合治理、公众参与、损害担责的原则。

第六条

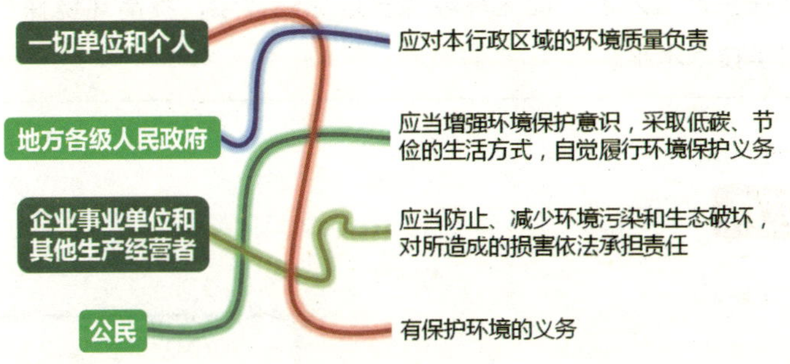

一切单位和个人都有保护环境的义务。

地方各级人民政府应当对本行政区域的环境质量负责。

企业事业单位和其他生产经营者应当防止、减少环境污染和生态破坏，对所造成的损害依法承担责任。

公民应当增强环境保护意识，采取低碳、节俭的生活方式，自觉履行环境保护义务。

第七条

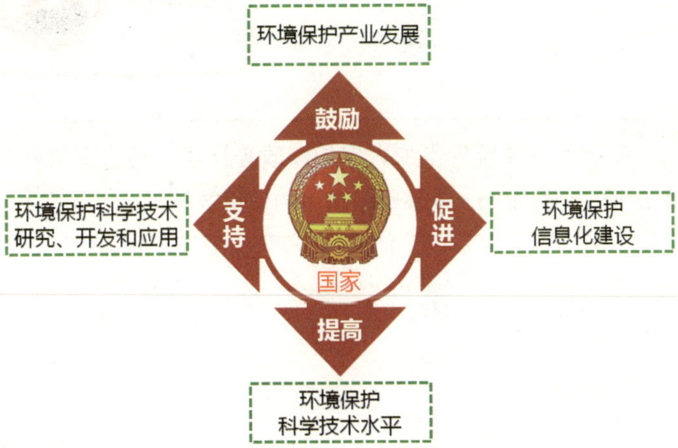

国家支持环境保护科学技术研究、开发和应用，鼓励环境保护产业发展，促进环境保护信息化建设，提高环境保护科学技术水平。

第八条

各级人民政府应当加大保护和改善环境、防治污染和其他公害的财政投入，提高财政资金的使用效益。

第九条

各级人民政府

加强环境保护宣传和普及工作，鼓励基层群众性自治组织、社会组织、环境保护志愿者开展环境保护法律法规和环境保护知识的宣传

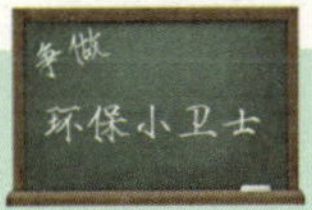

教育行政部门、学校

将环境保护知识纳入学校教育内容，培养学生的环境保护意识

新闻媒体

开展环境保护法律法规和环境保护知识的宣传，对环境违法行为进行舆论监督

各级人民政府应当加强环境保护宣传和普及工作，鼓励基层群众性自治组织、社会组织、环境保护志愿者开展环境保护法律法规和环境保护知识的宣传，营造保护环境的良好风气。

教育行政部门、学校应当将环境保护知识纳入学校教育内容，培养学生的环境保护意识。

新闻媒体应当开展环境保护法律法规和环境保护知识的宣传，对环境违法行为进行舆论监督。

第十条

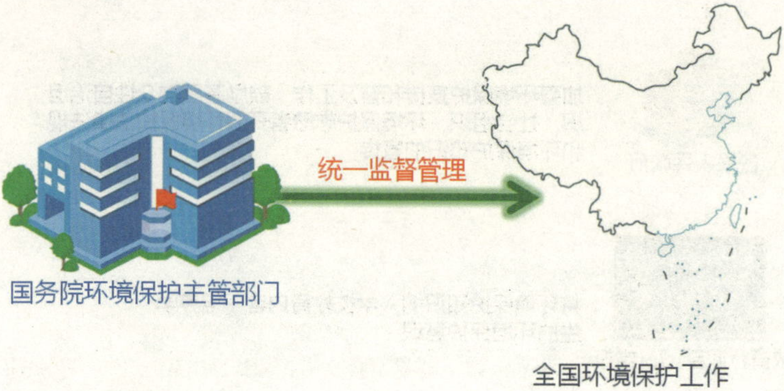

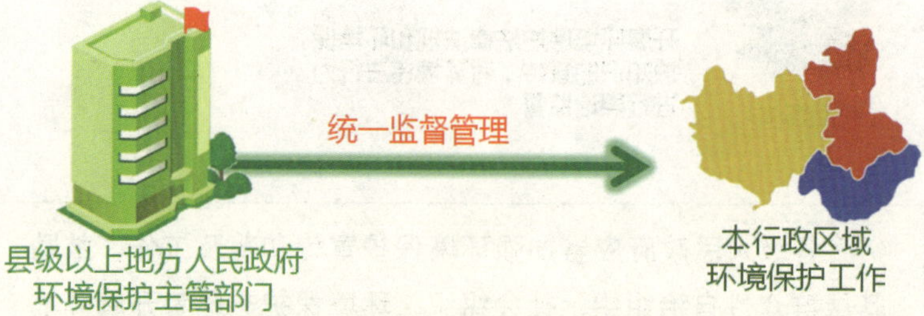

国务院环境保护主管部门，对全国环境保护工作实施统一监督管理；县级以上地方人民政府环境保护主管部门，对本行政区域环境保护工作实施统一监督管理。

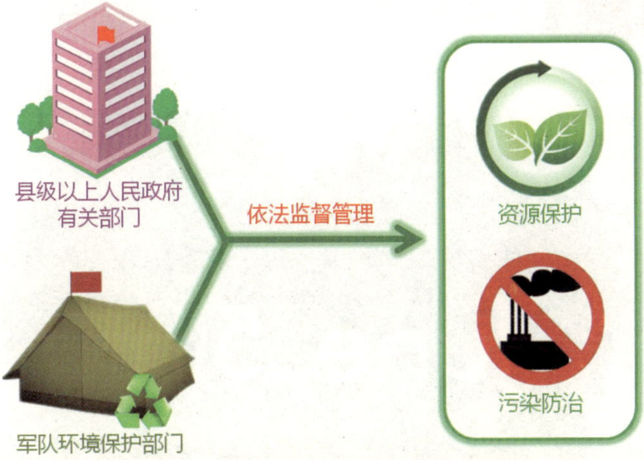

县级以上人民政府有关部门和军队环境保护部门，依照有关法律的规定对资源保护和污染防治等环境保护工作实施监督管理。

第十一条

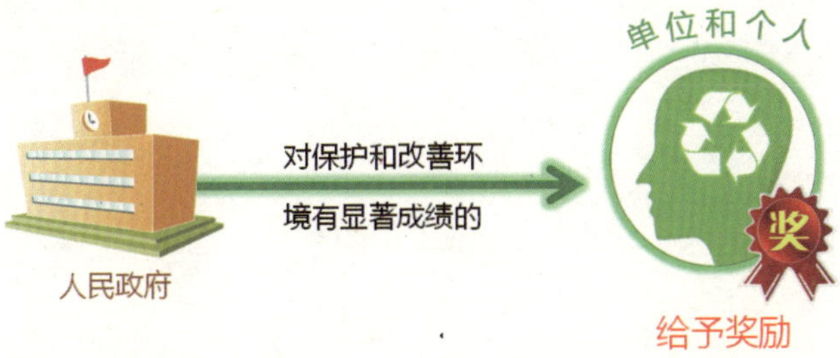

对保护和改善环境有显著成绩的单位和个人，由人民政府给予奖励。

第十二条

每年6月5日为环境日。

第二章

监督管理

第十三条

县级以上人民政府应当将环境保护工作纳入国民经济和社会发展规划。

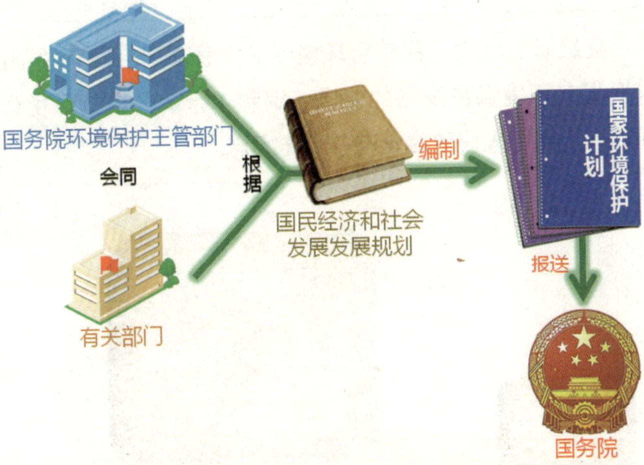

国务院环境保护主管部门会同有关部门，根据国民经济和社会发展规划编制国家环境保护规划，报国务院批准并公布实施。

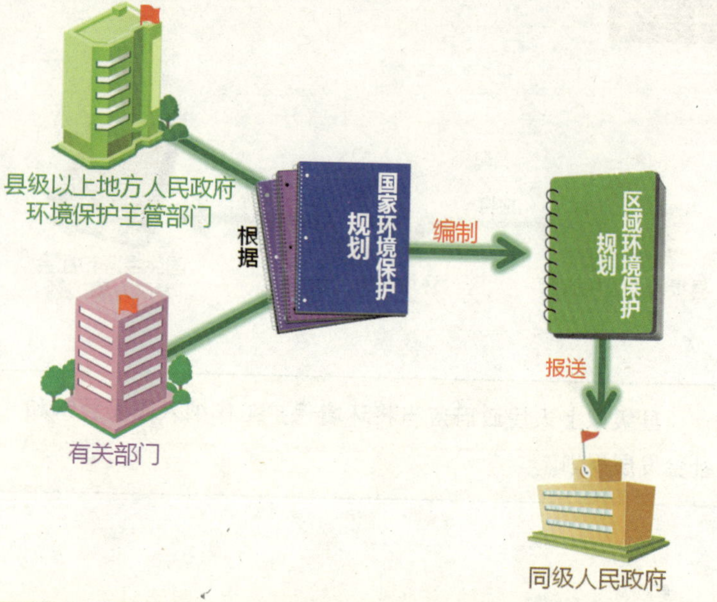

县级以上地方人民政府环境保护主管部门会同有关部门，根据国家环境保护规划的要求，编制本行政区域的环境保护规划，报同级人民政府批准并公布实施。

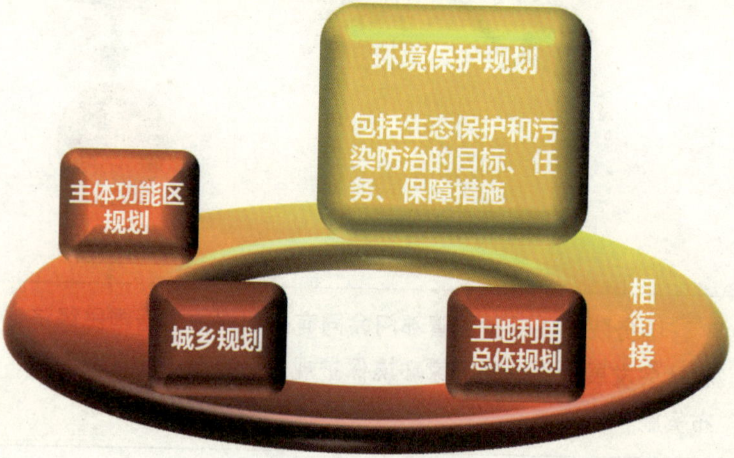

环境保护规划的内容应当包括生态保护和污染防治的目标、任务、保障措施等，并与主体功能区规划、土地利用总体规划和城乡规划等相衔接。

第十四条

国务院有关部门和省、自治区、直辖市人民政府组织制定经济、技术政策，应当充分考虑对环境的影响，听取有关方面和专家的意见。

第十五条

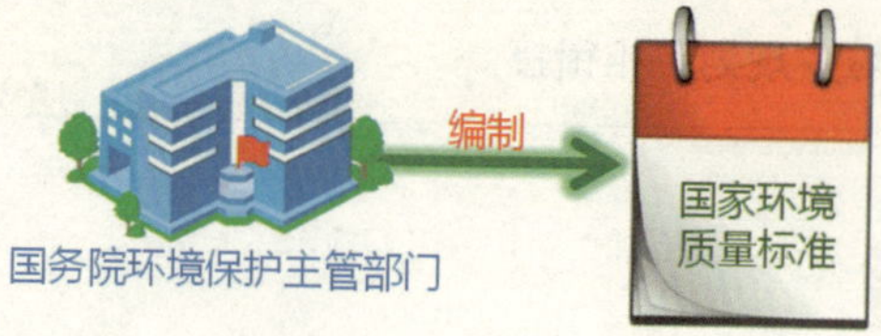

国务院环境保护主管部门制定国家环境质量标准。

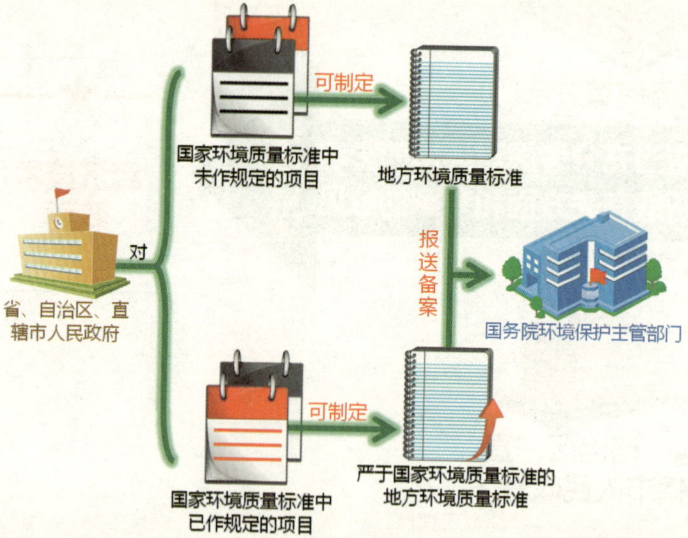

省、自治区、直辖市人民政府对国家环境质量标准中未作规定的项目，可以制定地方环境质量标准；对国家环境质量标准中已作规定的项目，可以制定严于国家环境质量标准的地方环境质量标准。地方环境质量标准应当报国务院环境保护主管部门备案。

国家鼓励开展环境基准研究。

第十六条

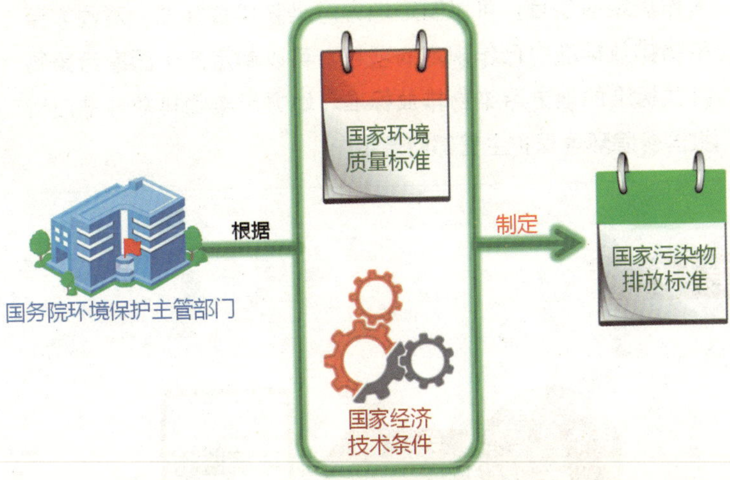

国务院环境保护主管部门根据国家环境质量标准和国家经济、技术条件，制定国家污染物排放标准。

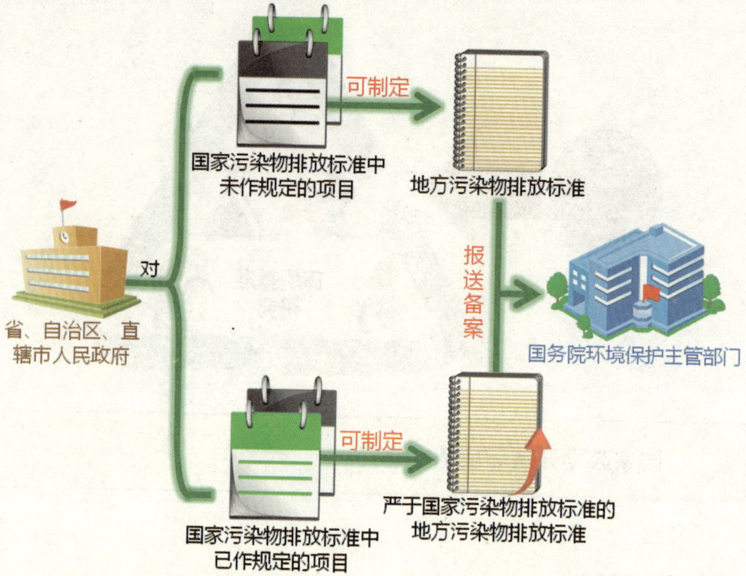

省、自治区、直辖市人民政府对国家污染物排放标准中未作规定的项目，可以制定地方污染物排放标准；对国家污染物排放标准中已作规定的项目，可以制定严于国家污染物排放标准的地方污染物排放标准。地方污染物排放标准应当报国务院环境保护主管部门备案。

第十七条

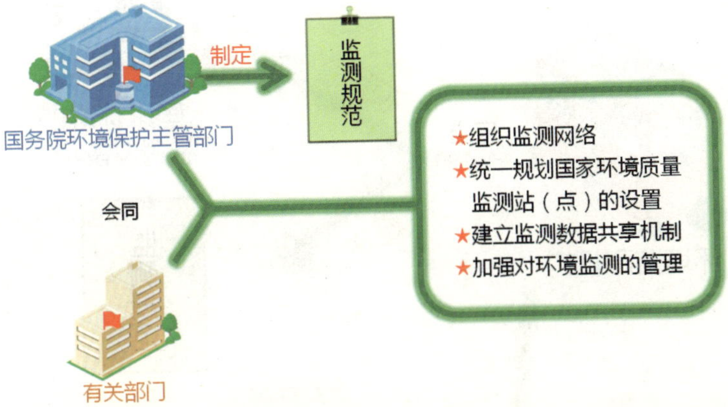

国务院环境保护主管部门
制定
监测规范
会同
有关部门
★组织监测网络
★统一规划国家环境质量监测站（点）的设置
★建立监测数据共享机制
★加强对环境监测的管理

国家建立、健全环境监测制度。国务院环境保护主管部门制定监测规范，会同有关部门组织监测网络，统一规划国家环境质量监测站（点）的设置，建立监测数据共享机制，加强对环境监测的管理。

有关行业、专业等各类环境质量监测站（点）的设置
应当符合
法律法规
监测规范

有关行业、专业等各类环境质量监测站（点）的设置应当符合法律法规规定和监测规范的要求。

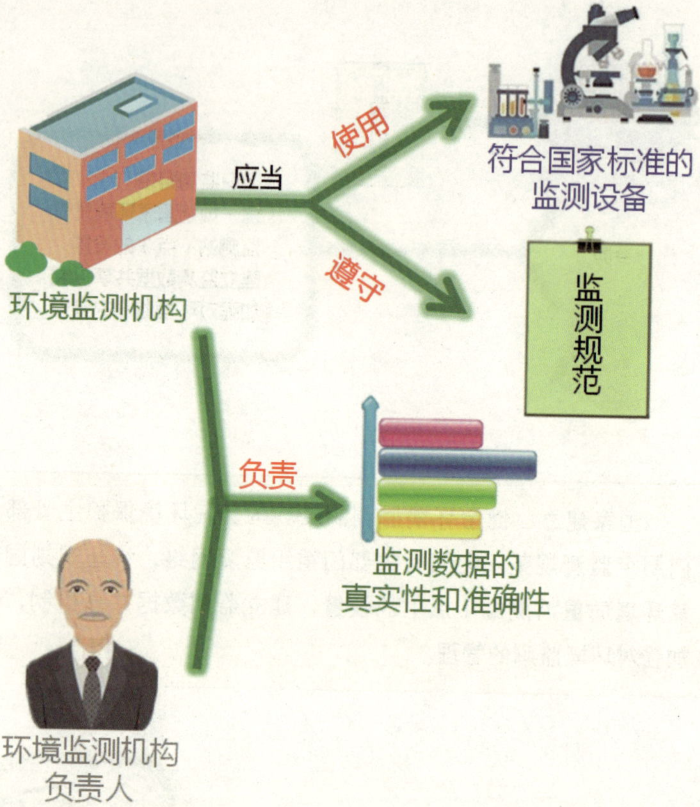

监测机构应当使用符合国家标准的监测设备，遵守监测规范。监测机构及其负责人对监测数据的真实性和准确性负责。

第十八条

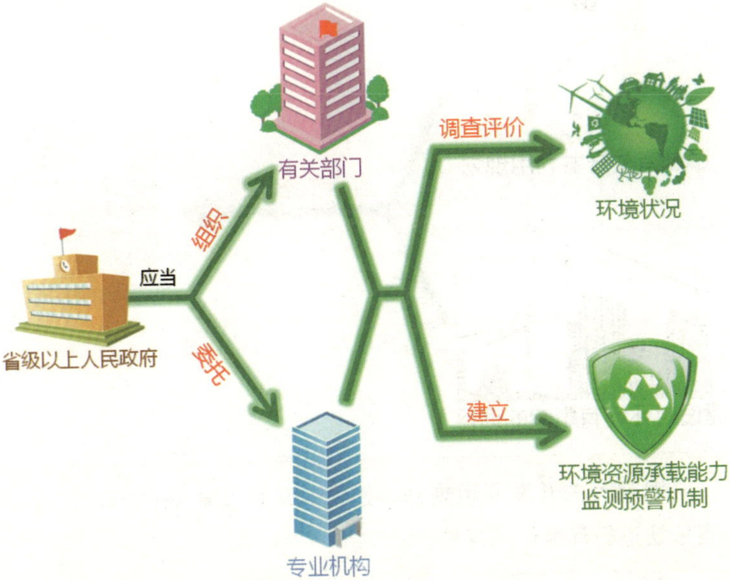

省级以上人民政府应当组织有关部门或者委托专业机构，对环境状况进行调查、评价，建立环境资源承载能力监测预警机制。

第十九条

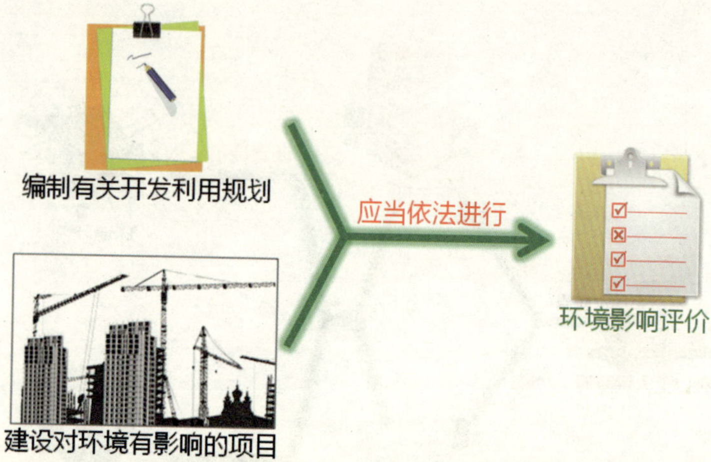
编制有关开发利用规划
应当依法进行
环境影响评价
建设对环境有影响的项目

编制有关开发利用规划，建设对环境有影响的项目，应当依法进行环境影响评价。

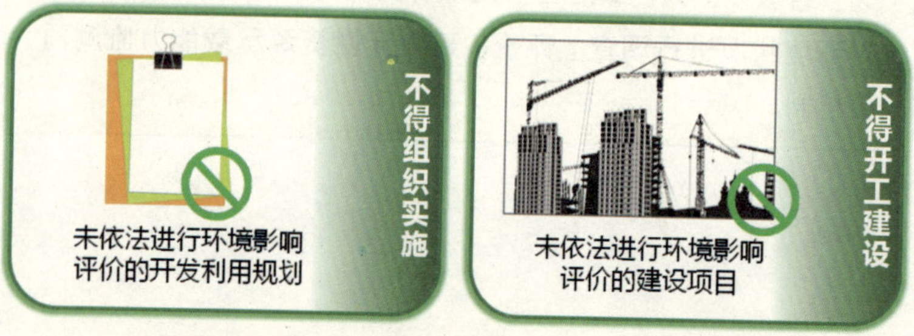
未依法进行环境影响评价的开发利用规划
不得组织实施
未依法进行环境影响评价的建设项目
不得开工建设

未依法进行环境影响评价的开发利用规划，不得组织实施；未依法进行环境影响评价的建设项目，不得开工建设。

第二十条

国家
建立
实行
跨行政区域的重点区域、流域环境污染和生态破坏联合防治协调机制
统一规划、统一标准、统一监测、统一的防治措施

国家建立跨行政区域的重点区域、流域环境污染和生态破坏联合防治协调机制，实行统一规划、统一标准、统一监测、统一的防治措施。

前款规定以外的跨行政区域的环境污染和生态破坏的防治，由上级人民政府协调解决，或者由有关地方人民政府协商解决。

第二十一条

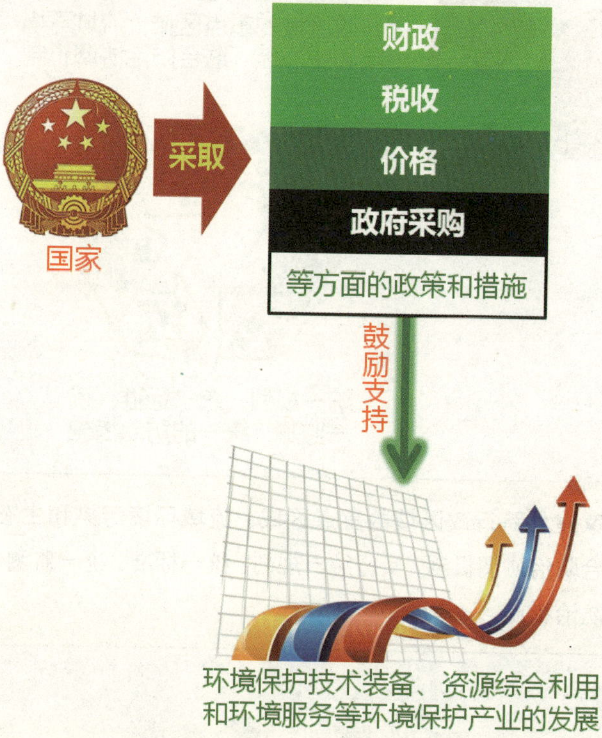
国家
采取
财政
税收
价格
政府采购
等方面的政策和措施
鼓励支持
环境保护技术装备、资源综合利用和环境服务等环境保护产业的发展

国家采取财政、税收、价格、政府采购等方面的政策和措施，鼓励和支持环境保护技术装备、资源综合利用和环境服务等环境保护产业的发展。

第二十二条

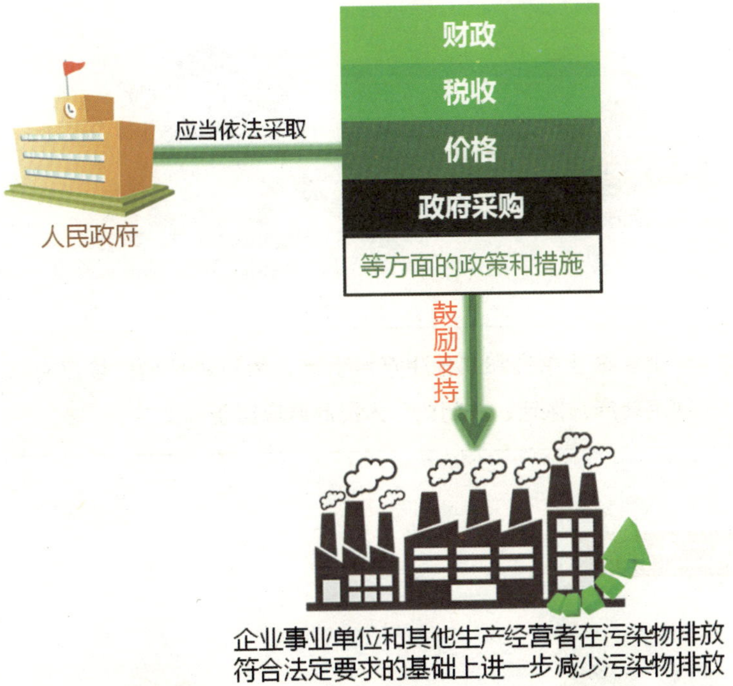
人民政府
应当依法采取
财政
税收
价格
政府采购
等方面的政策和措施
鼓励支持
企业事业单位和其他生产经营者在污染物排放
符合法定要求的基础上进一步减少污染物排放

企业事业单位和其他生产经营者，在污染物排放符合法定要求的基础上，进一步减少污染物排放的，人民政府应当依法采取财政、税收、价格、政府采购等方面的政策和措施予以鼓励和支持。

第二十三条

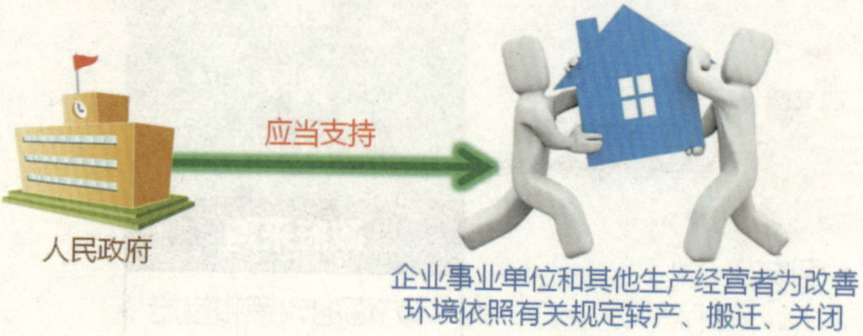

企业事业单位和其他生产经营者，为改善环境，依照有关规定转产、搬迁、关闭的，人民政府应当予以支持。

第二十四条

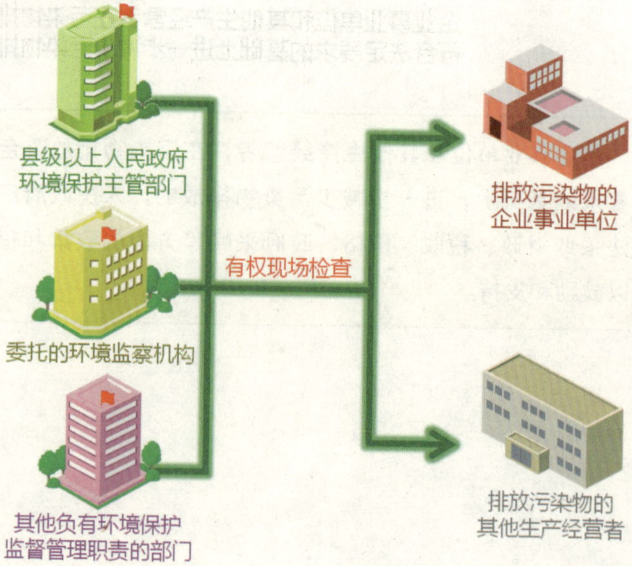

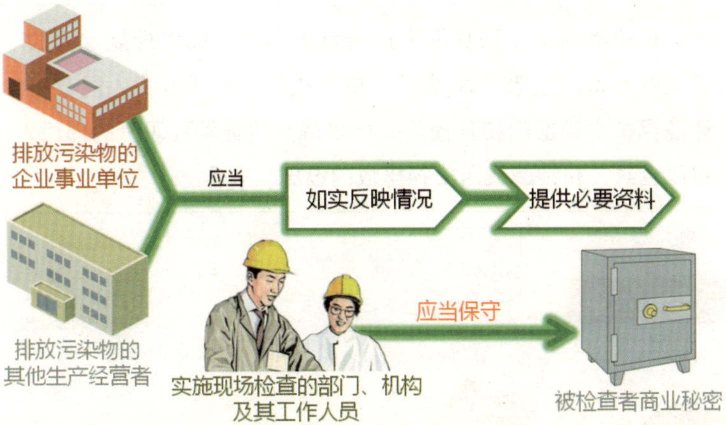

县级以上人民政府环境保护主管部门及其委托的环境监察机构和其他负有环境保护监督管理职责的部门，有权对排放污染物的企业事业单位和其他生产经营者进行现场检查。被检查者应当如实反映情况，提供必要的资料。实施现场检查的部门、机构及其工作人员应当为被检查者保守商业秘密。

第二十五条

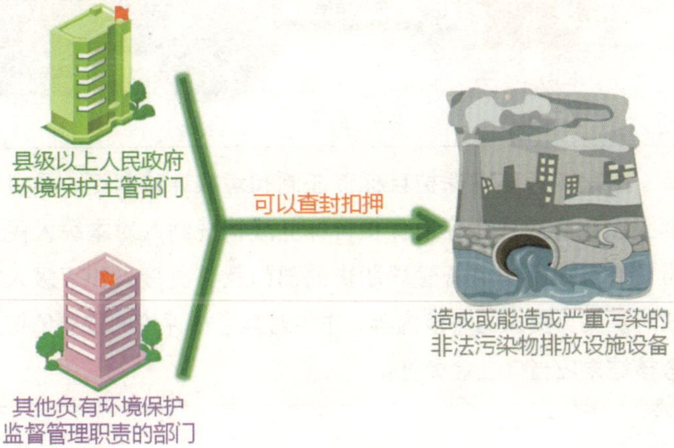

企业事业单位和其他生产经营者违反法律法规规定排放污染物，造成或者可能造成严重污染的，县级以上人民政府环境保护主管部门和其他负有环境保护监督管理职责的部门，可以查封、扣押造成污染物排放的设施、设备。

第二十六条

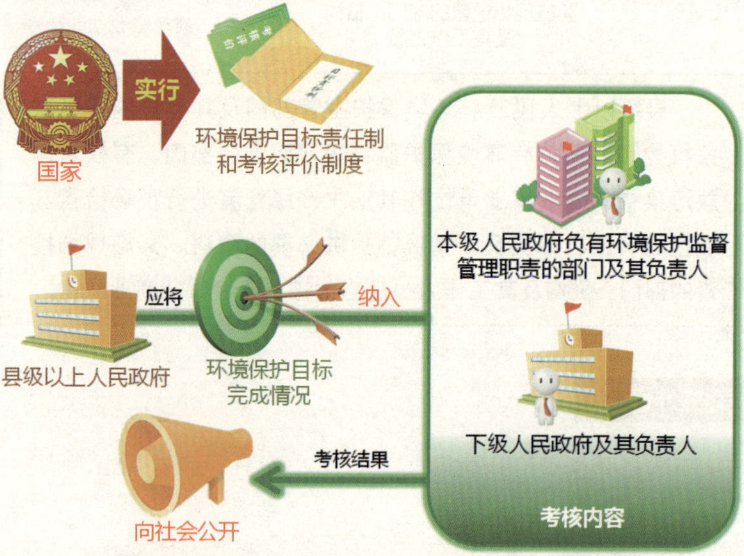

国家实行环境保护目标责任制和考核评价制度。县级以上人民政府应当将环境保护目标完成情况纳入对本级人民政府负有环境保护监督管理职责的部门及其负责人和下级人民政府及其负责人的考核内容，作为对其考核评价的重要依据。考核结果应当向社会公开。

第二十七条

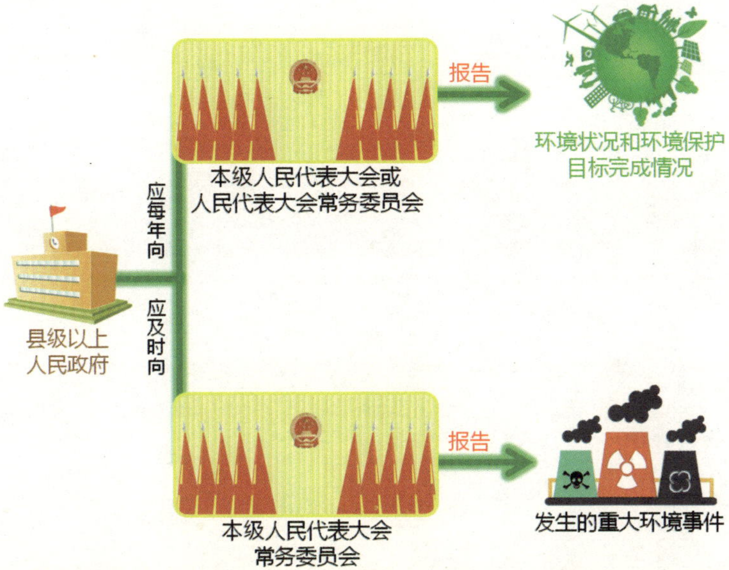

县级以上人民政府应当每年向本级人民代表大会或者人民代表大会常务委员会报告环境状况和环境保护目标完成情况，对发生的重大环境事件应当及时向本级人民代表大会常务委员会报告，依法接受监督。

第三章

保护和改善环境

第二十八条

地方各级人民政府应当根据环境保护目标和治理任务，采取有效措施，改善环境质量。

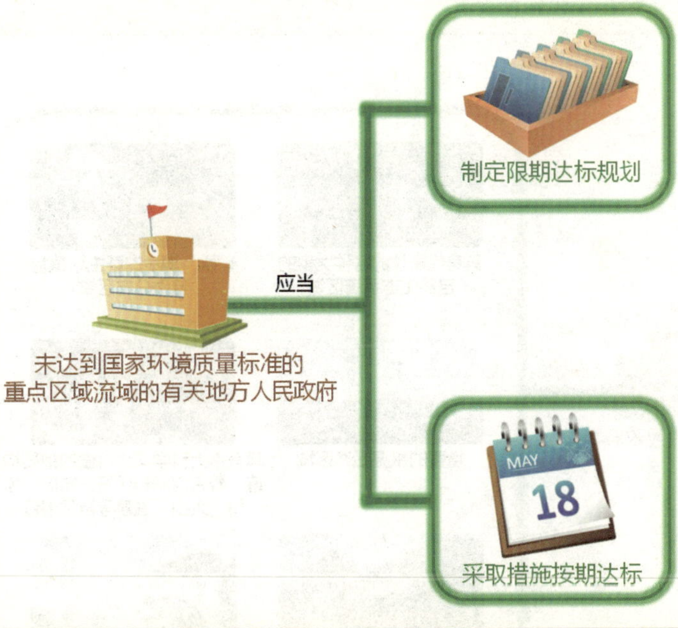

未达到国家环境质量标准的重点区域、流域的有关地方人民政府，应当制定限期达标规划，并采取措施按期达标。

第二十九条

严格保护
国家
重点生态功能区、生态环境敏感区
和脆弱区等区域

国家在重点生态功能区、生态环境敏感区和脆弱区等区域划定生态保护红线，实行严格保护。

具有代表性的各种类型的
自然生态系统区域
珍稀、濒危的野生动植物
自然分布区域
保护
各级人民政府
重要的水源涵养区域
具有重大科学文化价值的地质构
造、著名溶洞和化石分布区、冰
川、火山、温泉等自然遗迹
人文遗迹
古树名木

各级人民政府对具有代表性的各种类型的自然生态系统区域，珍稀、濒危的野生动植物自然分布区域，重要的水源涵养区域，具有重大科学文化价值的地质构造、著名溶洞和化石分布区、冰川、火山、温泉等自然遗迹，以及人文遗迹、古树名木，应当采取措施予以保护，严禁破坏。

第三十条

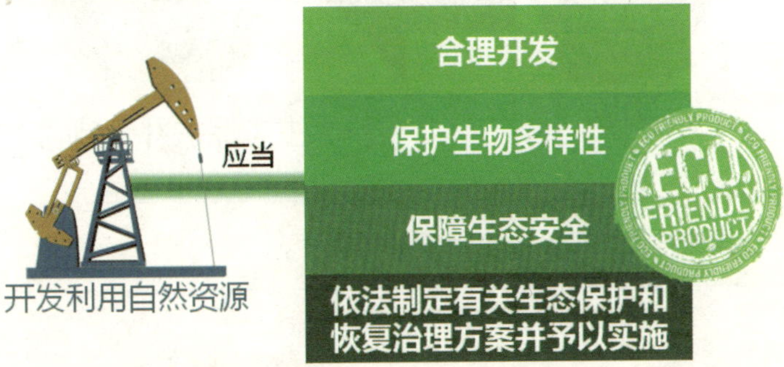
开发利用自然资源
应当
合理开发
保护生物多样性
保障生态安全
依法制定有关生态保护和
恢复治理方案并予以实施
ECO FRIENDLY PRODUCT

开发利用自然资源，应当合理开发，保护生物多样性，保障生态安全，依法制定有关生态保护和恢复治理方案并予以实施。

引进外来物种以及研究
开发和利用生物技术
应当采取措施防止
破坏生物多样性

引进外来物种以及研究、开发和利用生物技术，应当采取措施，防止对生物多样性的破坏。

第三十一条

国家建立、健全生态保护补偿制度。

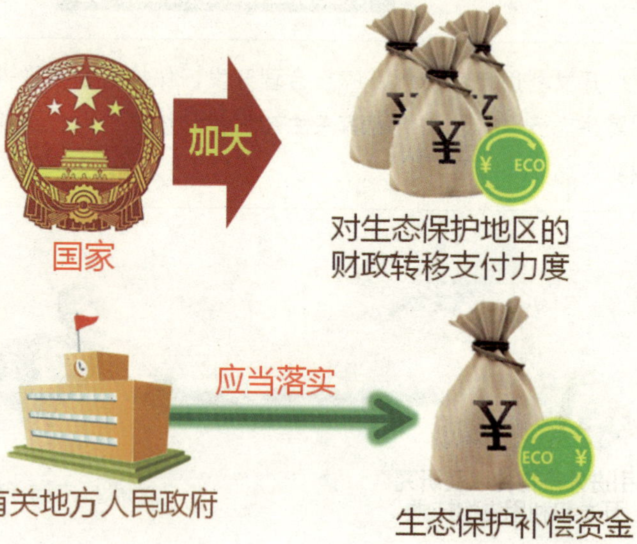

国家加大对生态保护地区的财政转移支付力度。有关地方人民政府应当落实生态保护补偿资金，确保其用于生态保护补偿。

国家
指导
受益地区人民政府
生态保护地区人民政府
通过协商
按照市场规则
进行
生态保护补偿

国家指导受益地区和生态保护地区人民政府通过协商或者按照市场规则进行生态保护补偿。

第三十二条

对大气、水、土壤等的保护
加强
国家
建立健全
相应的调查、监测、评估和修复制度

国家加强对大气、水、土壤等的保护，建立和完善相应的调查、监测、评估和修复制度。

第三十三条

各级人民政府
应当
加强对农业环境的保护
促进农业环境保护新技术的使用
加强对农业污染源的监测预警
统筹有关部门防治土壤污染和生态失调现象
推广植物病虫害的综合防治

各级人民政府应当加强对农业环境的保护，促进农业环境保护新技术的使用，加强对农业污染源的监测预警，统筹有关部门采取措施，防治土壤污染和土地沙化、盐渍化、贫瘠化、石漠化、地面沉降以及防治植被破坏、水土流失、水体富营养化、水源枯竭、种源灭绝等生态失调现象，推广植物病虫害的综合防治。

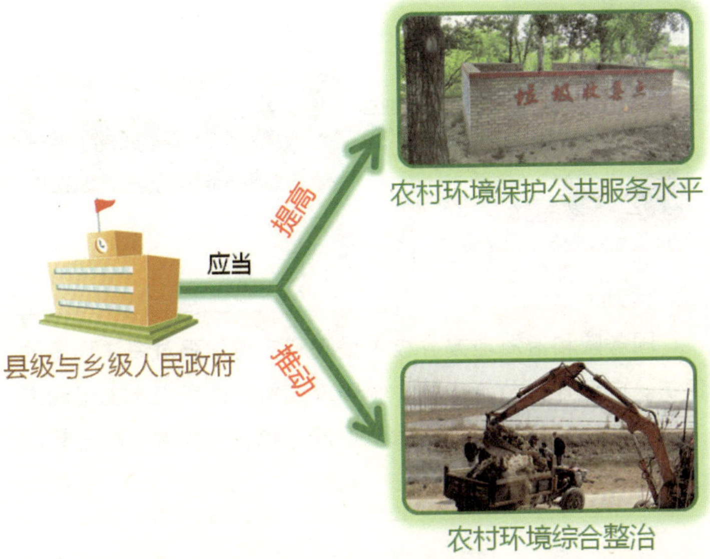
县级与乡级人民政府
应当
提高
推动
农村环境保护公共服务水平
农村环境综合整治

县级、乡级人民政府应当提高农村环境保护公共服务水平，推动农村环境综合整治。

第三十四条

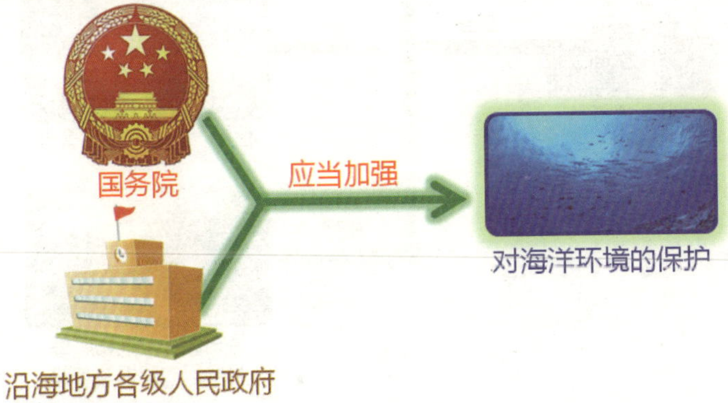
国务院
沿海地方各级人民政府
应当加强
对海洋环境的保护

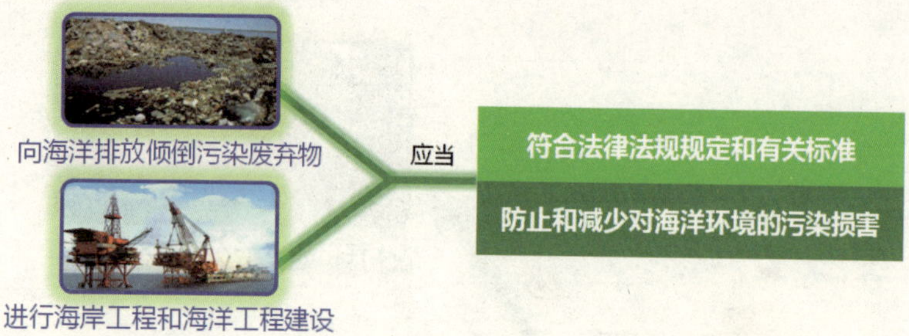
向海洋排放倾倒污染废弃物
进行海岸工程和海洋工程建设
应当
符合法律法规规定和有关标准
防止和减少对海洋环境的污染损害

国务院和沿海地方各级人民政府应当加强对海洋环境的保护。向海洋排放污染物、倾倒废弃物，进行海岸工程和海洋工程建设，应当符合法律法规规定和有关标准，防止和减少对海洋环境的污染损害。

第三十五条

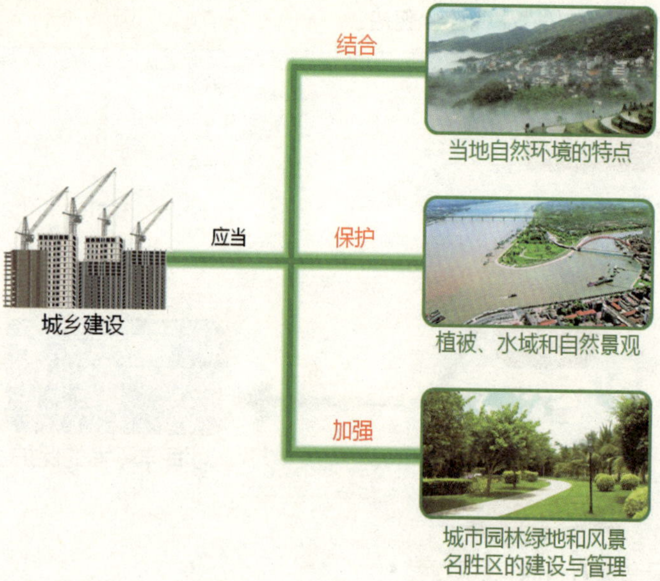
城乡建设
应当
结合
当地自然环境的特点
保护
植被、水域和自然景观
加强
城市园林绿地和风景名胜区的建设与管理

城乡建设应当结合当地自然环境的特点，保护植被、水域和自然景观，加强城市园林、绿地和风景名胜区的建设与管理。

第三十六条

国家
鼓励引导
公民、法人和其他组织
使用
CHINA ECOLABELLING
有利于保护环境的
产品和再生产品

国家鼓励和引导公民、法人和其他组织使用有利于保护环境的产品和再生产品，减少废弃物的产生。

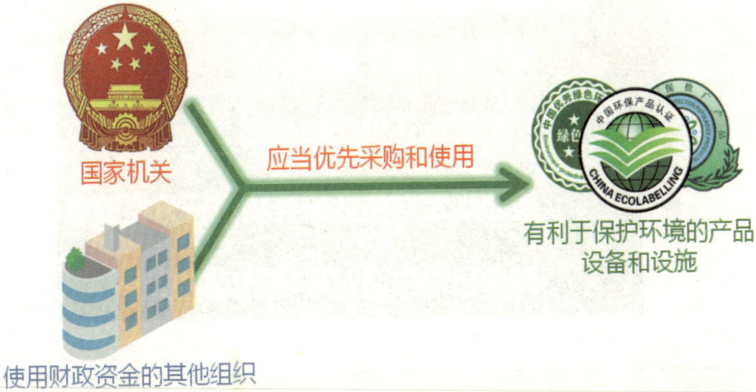
国家机关
使用财政资金的其他组织
应当优先采购和使用
CHINA ECOLABELLING
有利于保护环境的产品
设备和设施

国家机关和使用财政资金的其他组织应当优先采购和使用节能、节水、节材等有利于保护环境的产品、设备和设施。

第三十七条

应当组织
不可回收物
可回收物
厨余垃圾
地方各级人民政府
对生活废弃物的分类处置
与回收利用

地方各级人民政府应当采取措施，组织对生活废弃物的分类处置、回收利用。

第三十八条

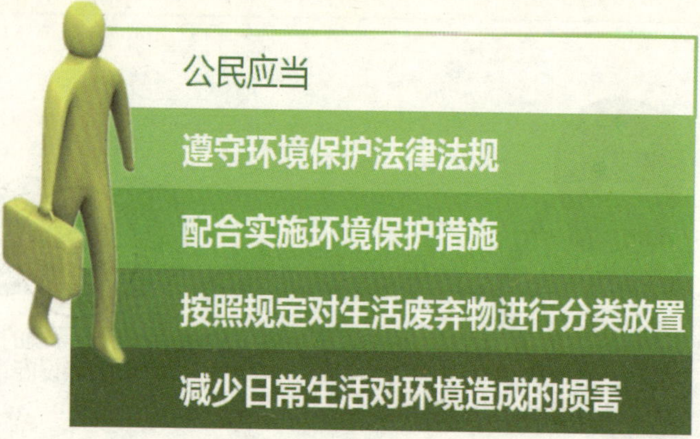
公民应当
遵守环境保护法律法规
配合实施环境保护措施
按照规定对生活废弃物进行分类放置
减少日常生活对环境造成的损害

公民应当遵守环境保护法律法规，配合实施环境保护措施，按照规定对生活废弃物进行分类放置，减少日常生活对环境造成的损害。

第三十九条

建立健全
预防控制
国家
环境与健康监测、调查
和风险评估制度
与环境污染有关的疾病
鼓励和组织开展
环境质量对公众健康影响的研究

国家建立、健全环境与健康监测、调查和风险评估制度；鼓励和组织开展环境质量对公众健康影响的研究，采取措施预防和控制与环境污染有关的疾病。

第四章

防治污染和其他公害

第四十条

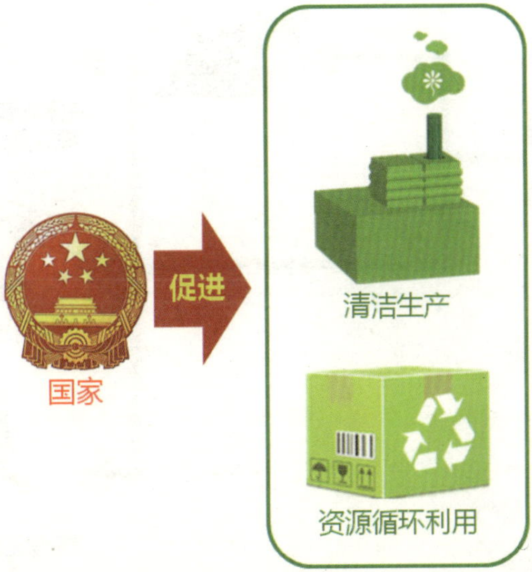

国家促进清洁生产和资源循环利用。

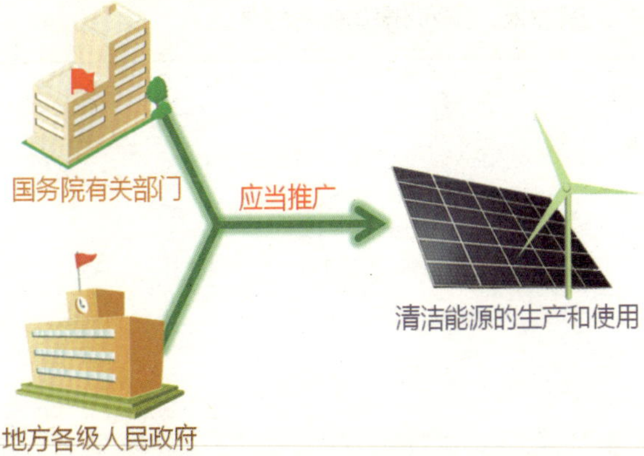

国务院有关部门和地方各级人民政府应当采取措施，推广清洁能源的生产和使用。

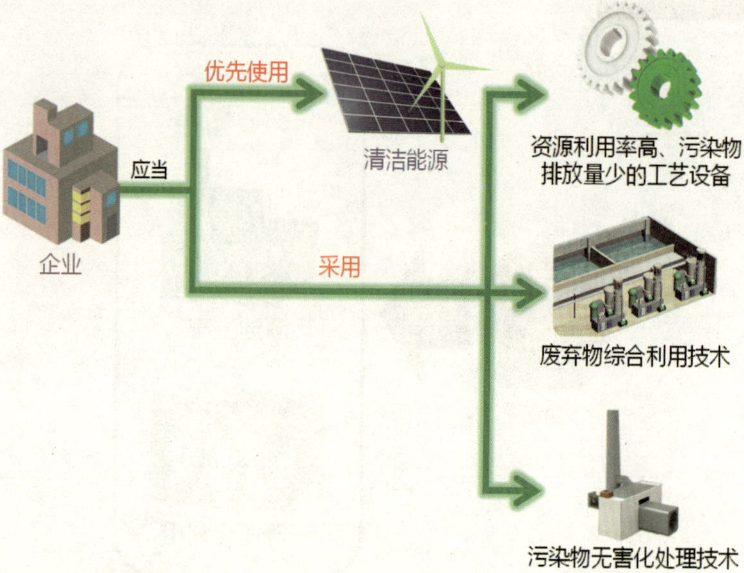
优先使用
应当
企业
清洁能源
资源利用率高、污染物排放量少的工艺设备
采用
废弃物综合利用技术
污染物无害化处理技术

企业应当优先使用清洁能源，采用资源利用率高、污染物排放量少的工艺、设备以及废弃物综合利用技术和污染物无害化处理技术，减少污染物的产生。

第四十一条

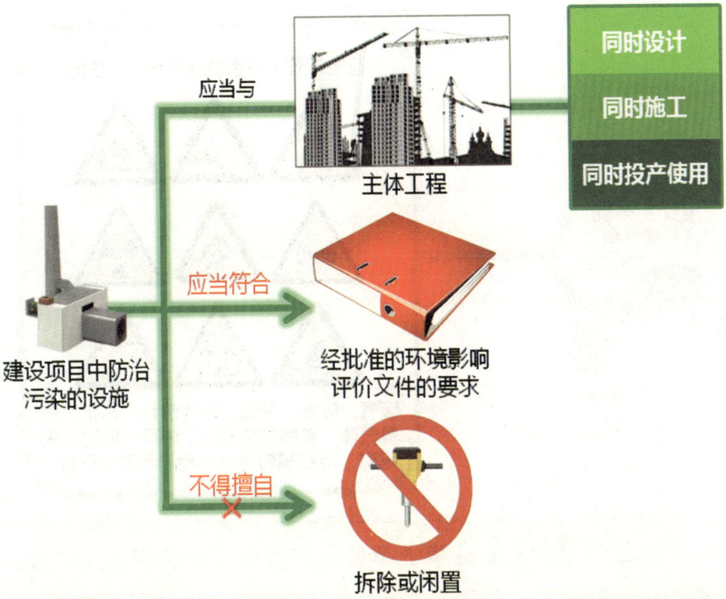
应当与
主体工程
同时设计
同时施工
同时投产使用
建设项目中防治污染的设施
应当符合
经批准的环境影响评价文件的要求
不得擅自
拆除或闲置

建设项目中防治污染的设施，应当与主体工程同时设计、同时施工、同时投产使用。防治污染的设施应当符合经批准的环境影响评价文件的要求，不得擅自拆除或者闲置。

第四十二条

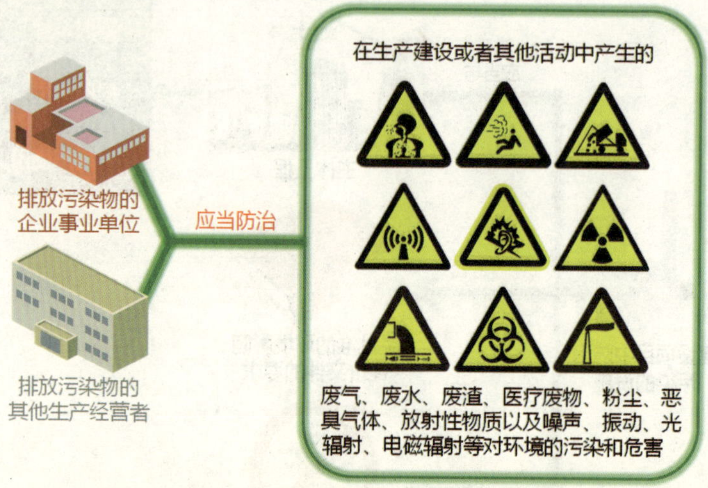
排放污染物的
企业事业单位
排放污染物的
其他生产经营者
应当防治
在生产建设或者其他活动中产生的
废气、废水、废渣、医疗废物、粉尘、恶臭气体、放射性物质以及噪声、振动、光辐射、电磁辐射等对环境的污染和危害

排放污染物的企业事业单位和其他生产经营者，应当采取措施，防治在生产建设或者其他活动中产生的废气、废水、废渣、医疗废物、粉尘、恶臭气体、放射性物质以及噪声、振动、光辐射、电磁辐射等对环境的污染和危害。

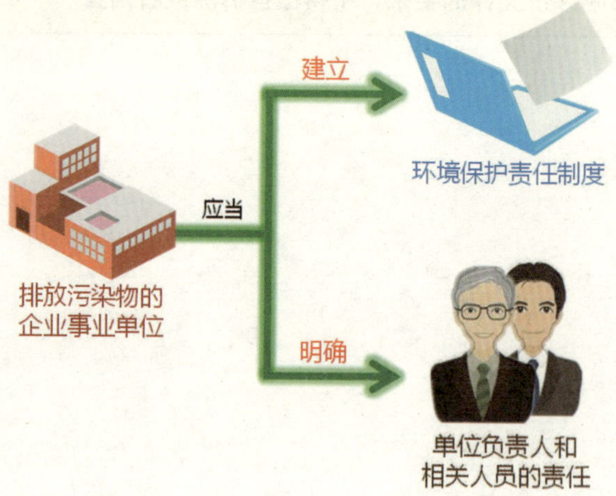
排放污染物的
企业事业单位
应当
建立
环境保护责任制度
明确
单位负责人和
相关人员的责任

排放污染物的企业事业单位，应当建立环境保护责任制度，明确单位负责人和相关人员的责任。

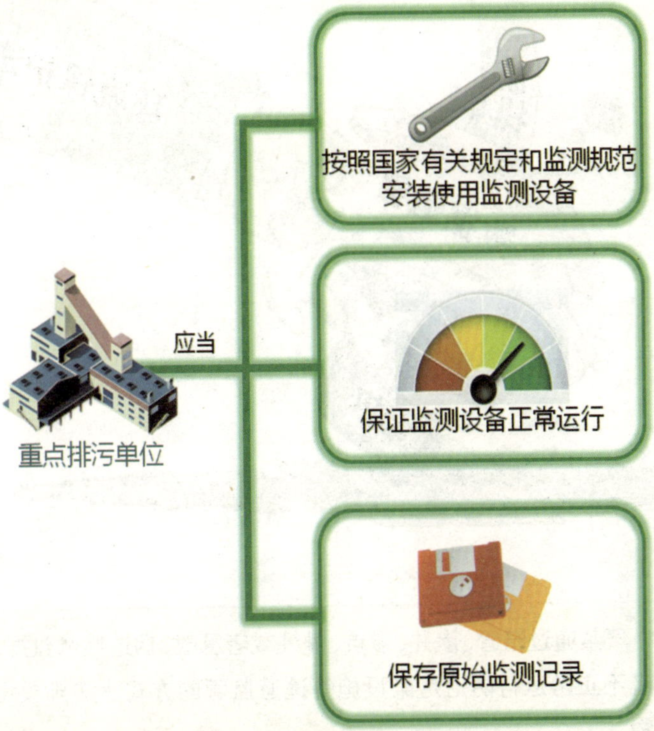
重点排污单位
应当
按照国家有关规定和监测规范安装使用监测设备
保证监测设备正常运行
保存原始监测记录

重点排污单位应当按照国家有关规定和监测规范安装使用监测设备，保证监测设备正常运行，保存原始监测记录。

严禁通过暗管、渗井、渗坑、灌注或者篡改、伪造监测数据，或者不正常运行防治污染设施等逃避监管的方式违法排放污染物。

第四十三条

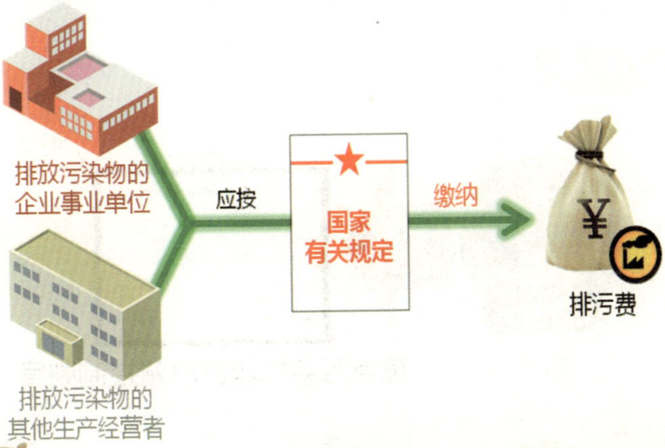
排放污染物的
企业事业单位
排放污染物的
其他生产经营者
应按
国家
有关规定
缴纳
排污费

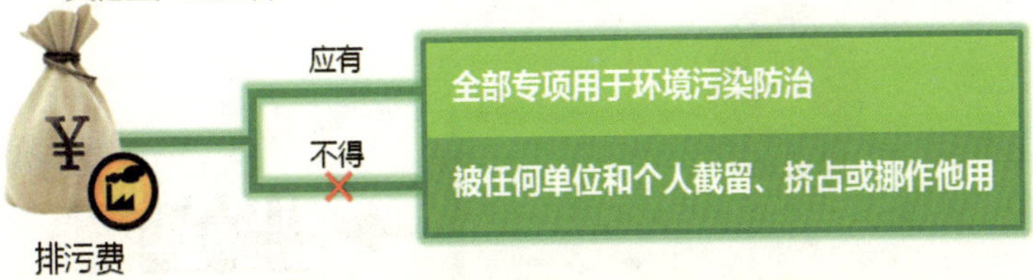
排污费
应有
全部专项用于环境污染防治
不得
被任何单位和个人截留、挤占或挪作他用

排放污染物的企业事业单位和其他生产经营者，应当按照国家有关规定缴纳排污费。排污费应当全部专项用于环境污染防治，任何单位和个人不得截留、挤占或者挪作他用。

排污费
环保税

依照法律规定征收环境保护税的，不再征收排污费。

第四十四条

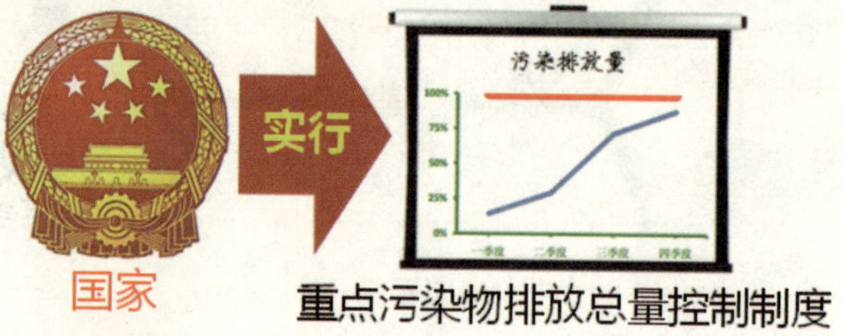
国家
实行
污染排放量
100%
75%
50%
25%
0%
一季度
二季度
三季度
四季度
重点污染物排放总量控制制度

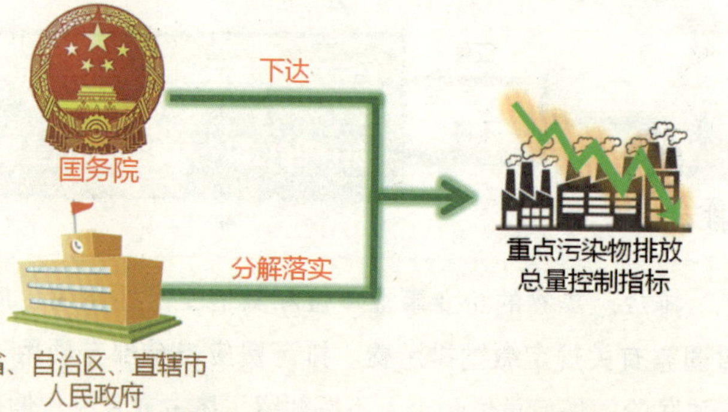
国务院
下达
省、自治区、直辖市
人民政府
分解落实
重点污染物排放
总量控制指标

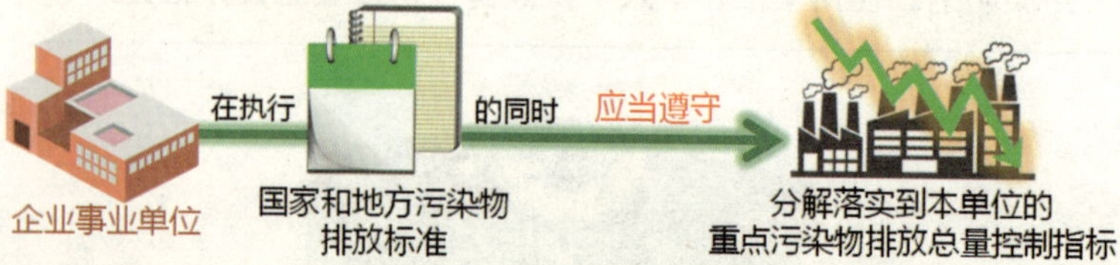
企业事业单位
在执行
国家和地方污染物
排放标准
的同时
应当遵守
分解落实到本单位的
重点污染物排放总量控制指标

国家实行重点污染物排放总量控制制度。

重点污染物排放总量控制指标由国务院下达，省、自治区、直辖市人民政府分解落实。企业事业单位在执行国家和地方污染物排放标准的同时，应当遵守分解落实到本单位的重点污染物排放总量控制指标。

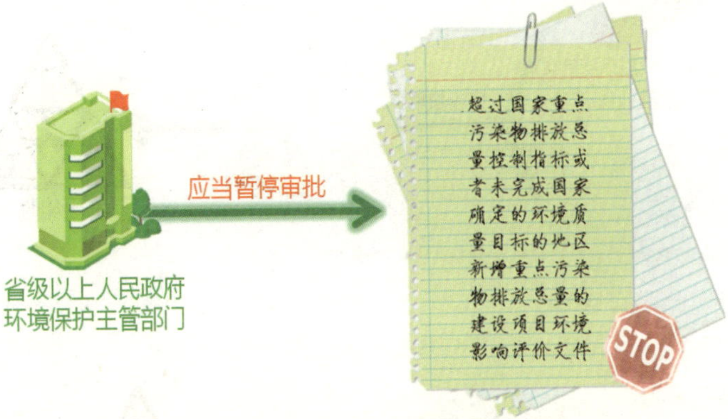
省级以上人民政府
环境保护主管部门
应当暂停审批
超过国家重点污染物排放总量控制指标或者未完成国家确定的环境质量目标的地区新增重点污染物排放总量的建设项目环境影响评价文件
STOP

对超过国家重点污染物排放总量控制指标或者未完成国家确定的环境质量目标的地区，省级以上人民政府环境保护主管部门应当暂停审批其新增重点污染物排放总量的建设项目环境影响评价文件。

第四十五条

国家
依法实行
排放污染物许可证
排污许可管理制度

国家依照法律规定实行排污许可管理制度。

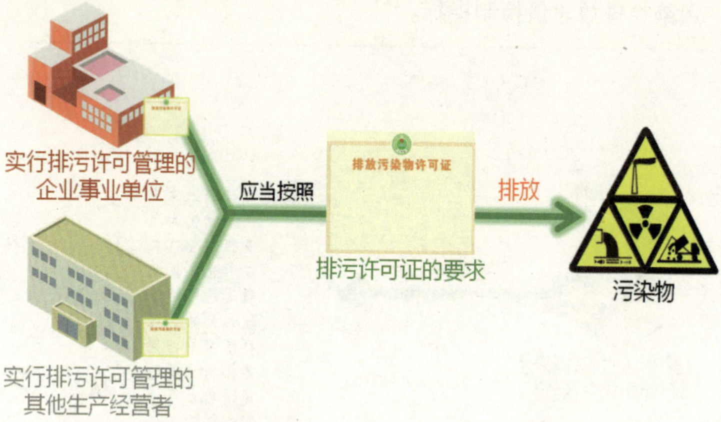
实行排污许可管理的企业事业单位
应当按照
排放污染物许可证
排放
排污许可证的要求
污染物
实行排污许可管理的其他生产经营者

排放污染物许可证
不得排放
未取得排污许可证的企业事业单位和其他生产经营者
污染物

实行排污许可管理的企业事业单位和其他生产经营者应当按照排污许可证的要求排放污染物；未取得排污许可证的，不得排放污染物。

第四十六条

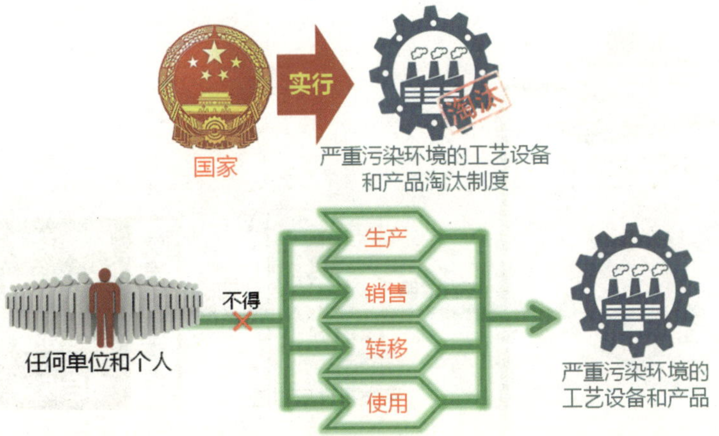

国家对严重污染环境的工艺、设备和产品实行淘汰制度。任何单位和个人不得生产、销售或者转移、使用严重污染环境的工艺、设备和产品。

禁止引进不符合我国环境保护规定的技术、设备、材料和产品。

第四十七条

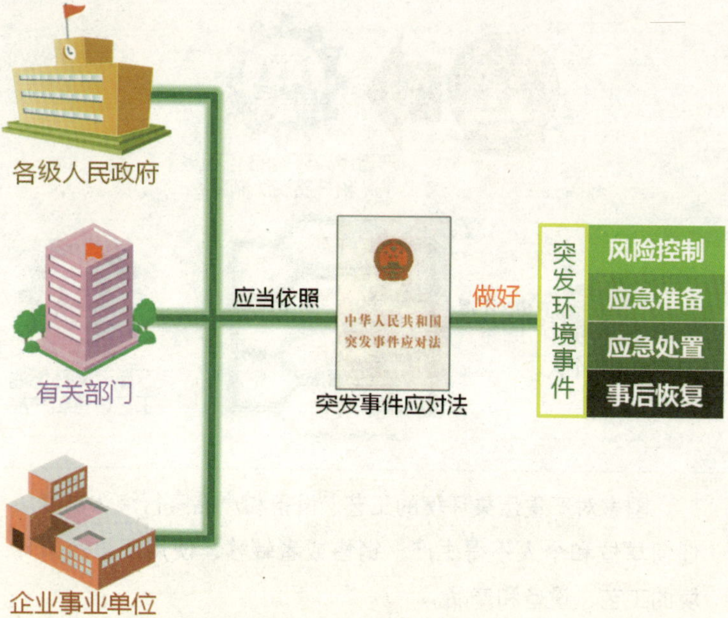

各级人民政府及其有关部门和企业事业单位，应当依照《中华人民共和国突发事件应对法》的规定，做好突发环境事件的风险控制、应急准备、应急处置和事后恢复等工作。

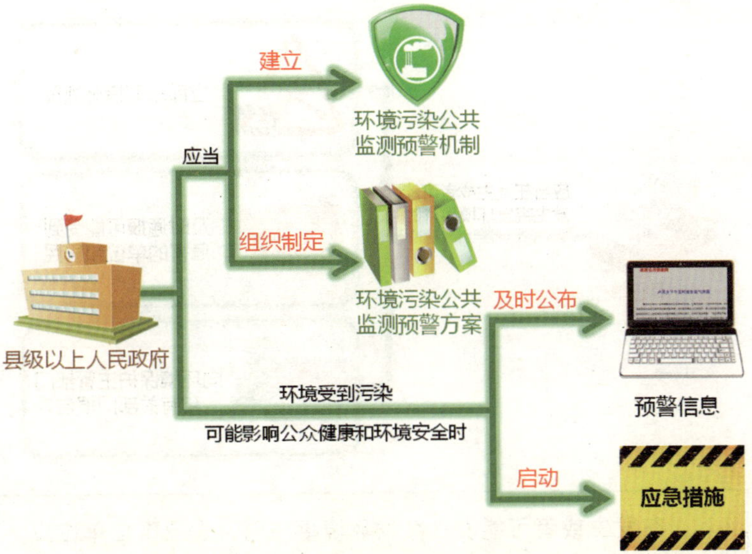

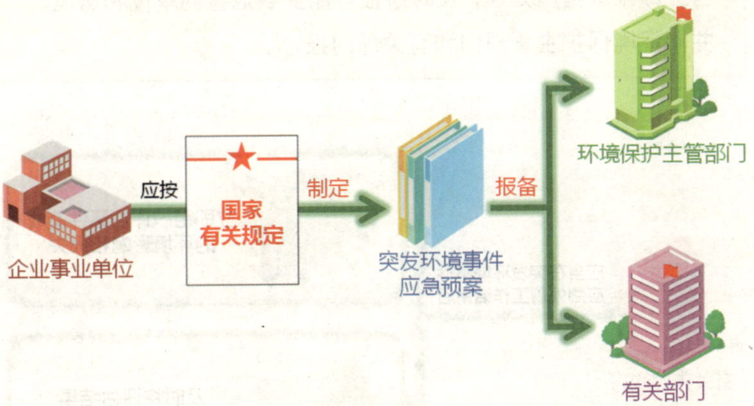

县级以上人民政府应当建立环境污染公共监测预警机制，组织制定预警方案；环境受到污染，可能影响公众健康和环境安全时，依法及时公布预警信息，启动应急措施。

企业事业单位应当按照国家有关规定制定突发环境事件应急预案，报环境保护主管部门和有关部门备案。

立即采取措施处理
应当在发生或者可能
发生突发环境事件时
及时通报可能受到
危害的单位和居民
企业事业单位
向环境保护主管部门
和有关部门报告

在发生或者可能发生突发环境事件时，企业事业单位应当立即采取措施处理，及时通报可能受到危害的单位和居民，并向环境保护主管部门和有关部门报告。

立即组织评估事件造成
的环境影响和损失
应当在突发环境事件
应急处置工作结束后
有关人民政府
及时将评估结果
向社会公布

突发环境事件应急处置工作结束后，有关人民政府应当立即组织评估事件造成的环境影响和损失，并及时将评估结果向社会公布。

第四十八条

生产、储存、运输、销售、使用、处置化学物品和含有放射性物质的物品，应当遵守国家有关规定，防止污染环境。

第四十九条

有关人民政府
农业等有关部门和机构
应当指导
农业生产经营者
科学种植和养殖
科学合理施用农药化肥等农业投入品
科学处置农业废弃物
防止农业面源污染

各级人民政府及其农业等有关部门和机构应当指导农业生产经营者科学种植和养殖，科学合理施用农药、化肥等农业投入品，科学处置农用薄膜、农作物秸秆等农业废弃物，防止农业面源污染。

农药
废水
废渣
化肥
农田污染

禁止将不符合农用标准和环境保护标准的固体废物、废水施入农田。施用农药、化肥等农业投入品及进行灌溉，应当采取措施，防止重金属和其他有毒有害物质污染环境。

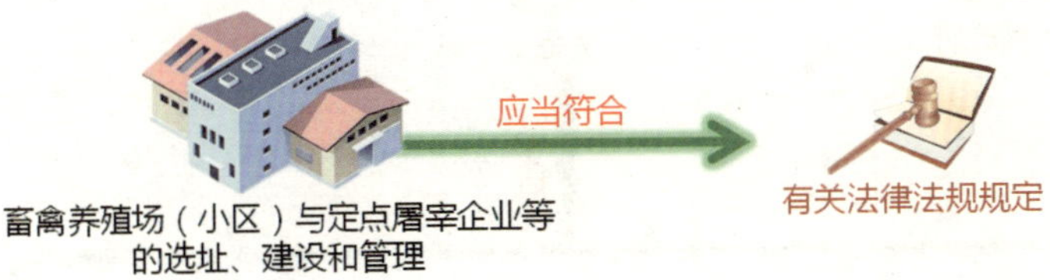
应当符合
畜禽养殖场（小区）与定点屠宰企业等的选址、建设和管理
有关法律法规规定

应当科学处置
从事畜禽养殖和屠宰的单位和个人
畜禽粪便、尸体和污水等废弃物

畜禽养殖场、养殖小区、定点屠宰企业等的选址、建设和管理应当符合有关法律法规规定。从事畜禽养殖和屠宰的单位和个人应当采取措施，对畜禽粪便、尸体和污水等废弃物进行科学处置，防止污染环境。

负责组织
县级人民政府
农村生活废弃物处置

县级人民政府负责组织农村生活废弃物的处置工作。

第五十条

各级人民政府应当在财政预算中安排资金，支持农村饮用水水源地保护、生活污水和其他废弃物处理、畜禽养殖和屠宰污染防治、土壤污染防治和农村工矿污染治理等环境保护工作。

第五十一条

各级人民政府应当统筹城乡建设污水处理设施及配套管网，固体废物的收集、运输和处置等环境卫生设施，危险废物集中处置设施、场所以及其他环境保护公共设施，并保障其正常运行。

第五十二条

国家鼓励投保环境污染责任保险。

第五章

信息公开和公众参与

第五十三条

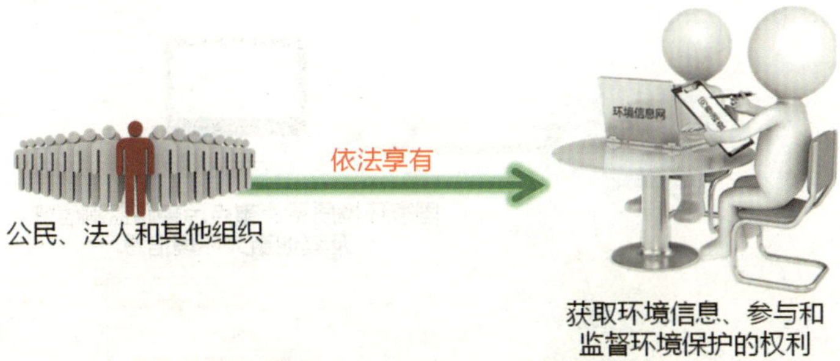
依法享有
公民、法人和其他组织
环境信息网
获取环境信息、参与和
监督环境保护的权利

公民、法人和其他组织依法享有获取环境信息、参与和监督环境保护的权利。

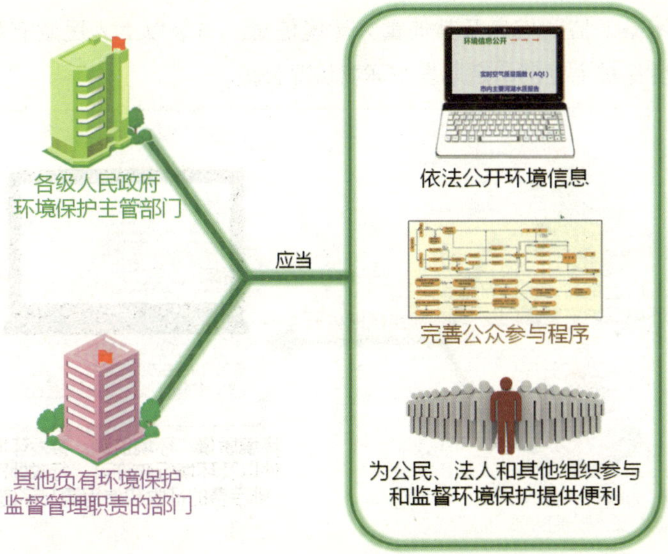
各级人民政府
环境保护主管部门
其他负有环境保护
监督管理职责的部门
应当
环境信息公开
实时空气质量指数（AQI）
市内主要河湖水质报告
依法公开环境信息
完善公众参与程序
为公民、法人和其他组织参与
和监督环境保护提供便利

各级人民政府环境保护主管部门和其他负有环境保护监督管理职责的部门，应当依法公开环境信息、完善公众参与程序，为公民、法人和其他组织参与和监督环境保护提供便利。

第五十四条

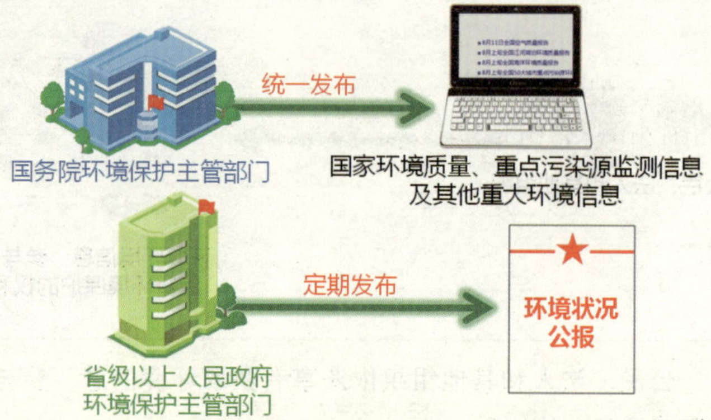
统一发布
国务院环境保护主管部门
国家环境质量、重点污染源监测信息
及其他重大环境信息
定期发布
环境状况
公报
省级以上人民政府
环境保护主管部门

国务院环境保护主管部门统一发布国家环境质量、重点污染源监测信息及其他重大环境信息。省级以上人民政府环境保护主管部门定期发布环境状况公报。

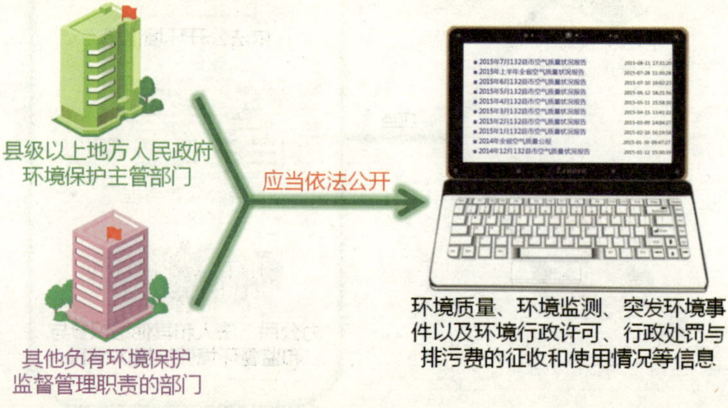
县级以上地方人民政府
环境保护主管部门
应当依法公开
其他负有环境保护
监督管理职责的部门
环境质量、环境监测、突发环境事
件以及环境行政许可、行政处罚与
排污费的征收和使用情况等信息

县级以上人民政府环境保护主管部门和其他负有环境保护监督管理职责的部门，应当依法公开环境质量、环境监测、突发环境事件以及环境行政许可、行政处罚、排污费的征收和使用情况等信息。

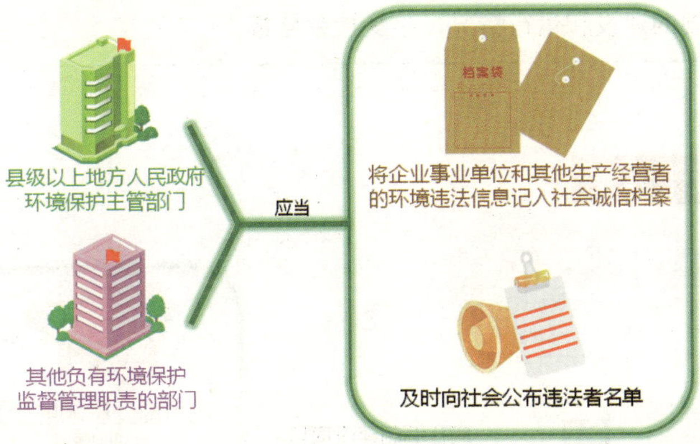
县级以上地方人民政府
环境保护主管部门
其他负有环境保护
监督管理职责的部门
应当
档案袋
将企业事业单位和其他生产经营者
的环境违法信息记入社会诚信档案
及时向社会公布违法者名单

县级以上地方人民政府环境保护主管部门和其他负有环境保护监督管理职责的部门，应当将企业事业单位和其他生产经营者的环境违法信息记入社会诚信档案，及时向社会公布违法者名单。

第五十五条

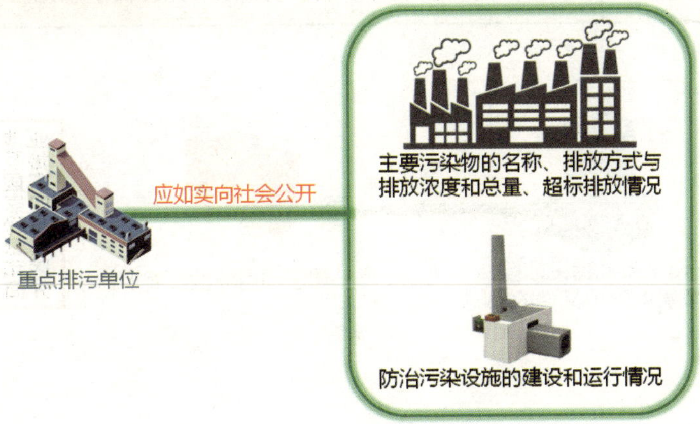
重点排污单位
应如实向社会公开
主要污染物的名称、排放方式与
排放浓度和总量、超标排放情况
防治污染设施的建设和运行情况

重点排污单位应当如实向社会公开其主要污染物的名称、排放方式、排放浓度和总量、超标排放情况，以及防治污染设施的建设和运行情况，接受社会监督。

第五十六条

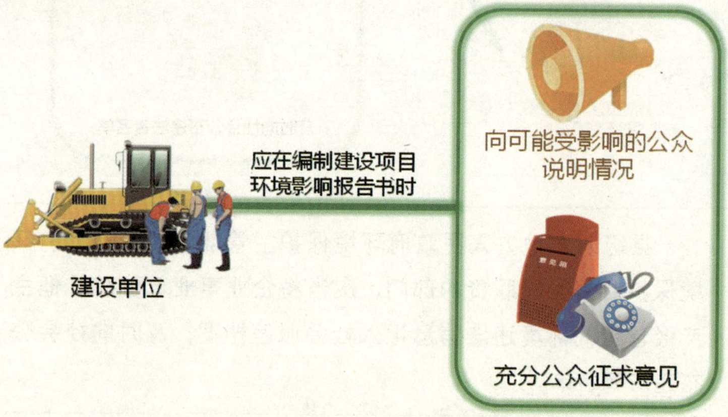
应在编制建设项目
环境影响报告书时
建设单位
向可能受影响的公众
说明情况
充分公众征求意见

对依法应当编制环境影响报告书的建设项目，建设单位应当在编制时向可能受影响的公众说明情况，充分征求意见。

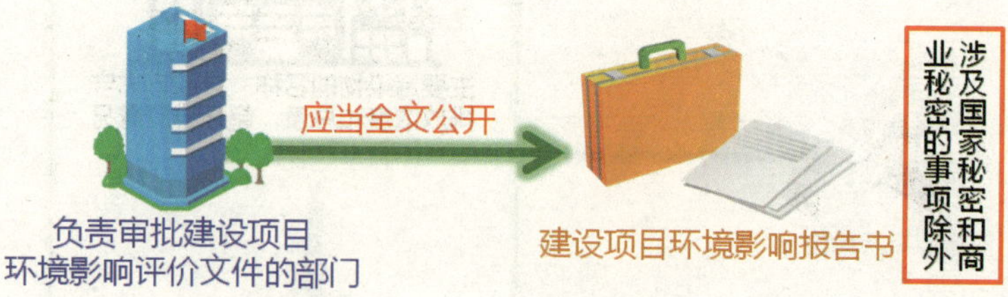
应当全文公开
负责审批建设项目
环境影响评价文件的部门
建设项目环境影响报告书
涉及国家秘密和商业秘密的事项除外

负责审批建设项目环境影响评价文件的部门在收到建设项目环境影响报告书后，除涉及国家秘密和商业秘密的事项外，应当全文公开；发现建设项目未充分征求公众意见的，应当责成建设单位征求公众意见。

第五十七条

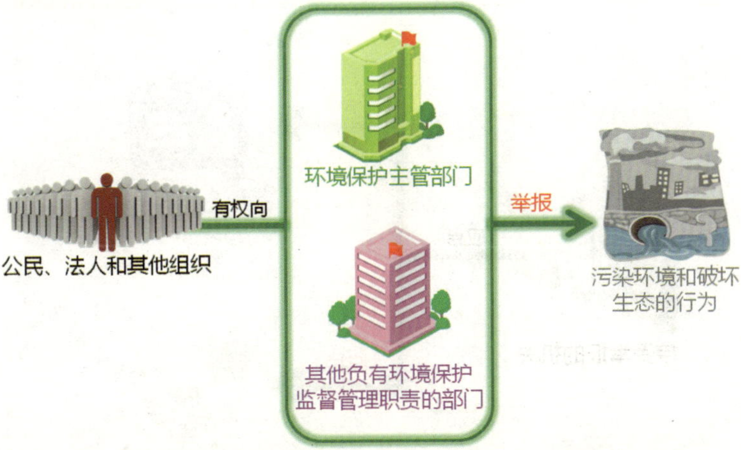

公民、法人和其他组织发现任何单位和个人有污染环境和破坏生态行为的，有权向环境保护主管部门或者其他负有环境保护监督管理职责的部门举报。

公民、法人和其他组织发现地方各级人民政府、县级以上人民政府环境保护主管部门和其他负有环境保护监督管理职责的部门不依法履行职责的，有权向其上级机关或者监察机关举报。

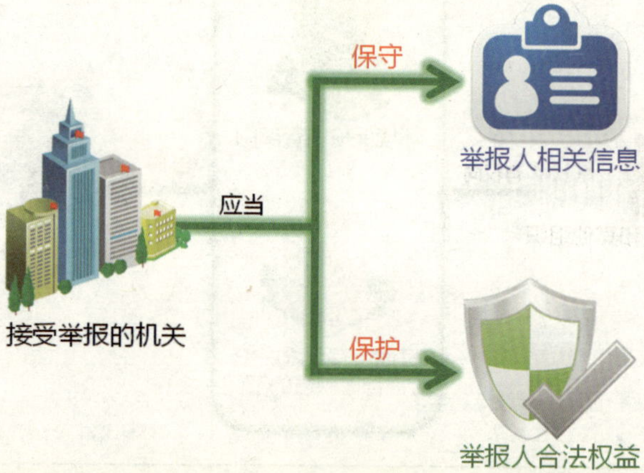

接受举报的机关应当对举报人的相关信息予以保密，保护举报人的合法权益。

第五十八条

对污染环境、破坏生态，损害社会公共利益的行为，符合下列条件的社会组织可以向人民法院提起诉讼：

（一）依法在设区的市级以上人民政府民政部门登记；

（二）专门从事环境保护公益活动连续五年以上且无违法记录。

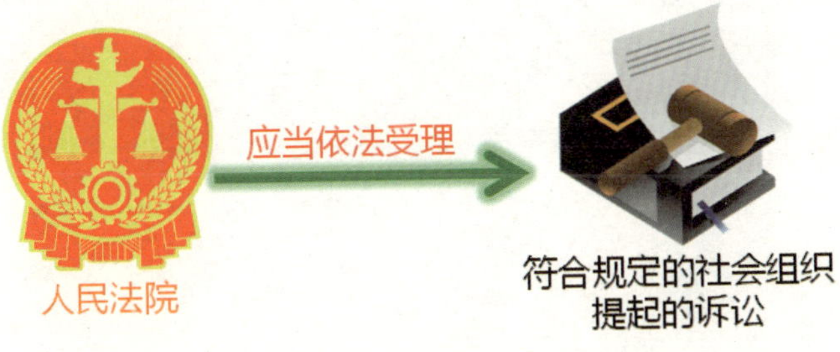

符合前款规定的社会组织向人民法院提起诉讼，人民法院应当依法受理。

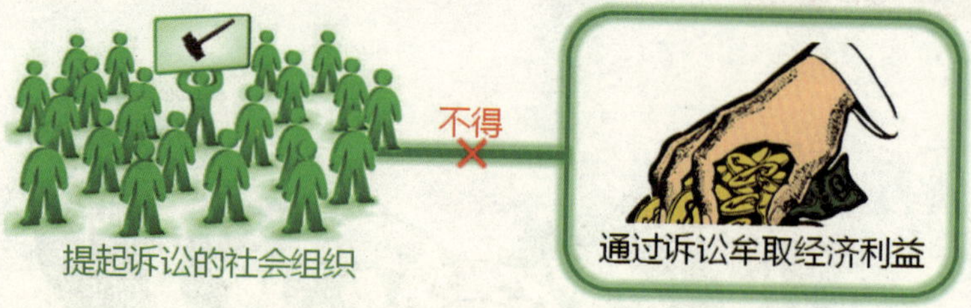
不得
提起诉讼的社会组织
通过诉讼牟取经济利益

提起诉讼的社会组织不得通过诉讼牟取经济利益。

第六章

法律责任

第五十九条

责任主体	企业事业单位和其他生产经营者
违法行为	违法排放污染物，受到罚款处罚，被责令改正，拒不改正
违法后果	依法作出处罚决定的行政机关可以自责令改正之日的次日起，按照原处罚数额按日连续处罚

※ 前款规定的罚款处罚，依照有关法律法规按照防治污染设施的运行成本、违法行为造成的直接损失或者违法所得等因素确定的规定执行

地方性法规可以根据环境保护的实际需要，增加第一款规定的按日连续处罚的违法行为的种类

第六十条

责任主体	企业事业单位和其他生产经营者	
违法行为	超过污染物排放标准或者超过重点污染物排放总量控制指标排放污染物	
违法后果	情节不严重	情节严重
	县级以上人民政府环境保护主管部门可以责令采取限制生产、停产整治等措施	报经有批准权的人民政府批准，责令停业、关闭

第六十一条

责任主体	建设单位
违法行为	未依法提交建设项目环境影响评价文件或者环境影响评价文件未经批准，擅自开工建设
违法后果	由负有环境保护监督管理职责的部门责令停止建设，处以罚款，并可以责令恢复原状

第六十二条

责任主体	重点排污单位
违法行为	违反本法规定，不公开或者不如实公开环境信息
违法后果	由县级以上地方人民政府环境保护主管部门责令公开，处以罚款，并予以公告

第六十三条

责任主体	企业事业单位和其他生产经营者	
违法行为	1. 建设项目未依法进行环境影响评价，被责令停止建设，拒不执行，尚不构成犯罪 2. 违反法律规定，未取得排污许可证排放污染物，被责令停止排污，拒不执行，尚不构成犯罪 3. 通过暗管、渗井、渗坑、灌注或者篡改、伪造监测数据，或者不正常运行防治污染设施等逃避监管的方式违法排放污染物，尚不构成犯罪 4. 生产、使用国家明令禁止生产、使用的农药，被责令改正，拒不改正，尚不构成犯罪	
违法后果	情节一般	情节较轻
	除依照有关法律法规规定予以处罚外，由县级以上人民政府环境保护主管部门或者其他有关部门将案件移送公安机关 对其直接负责的主管人员和其他直接责任人员，处十日以上十五日以下拘留	除依照有关法律法规规定予以处罚外，由县级以上人民政府环境保护主管部门或者其他有关部门将案件移送公安机关 对其直接负责的主管人员和其他直接责任人员，处五日以上十日以下拘留

第六十四条

责任主体	因污染环境和破坏生态造成损害的组织和个人
违法行为	因污染环境和破坏生态造成损害
违法后果	应当依照《中华人民共和国侵权责任法》的有关规定承担侵权责任

第六十五条

责任主体	环境影响评价机构、环境监测机构以及从事环境监测设备和防治污染设施维护、运营的机构
违法行为	在有关环境服务活动中弄虚作假，对造成的环境污染和生态破坏负有责任
违法后果	除依照有关法律法规规定予以处罚外，还应当与造成环境污染和生态破坏的其他责任者承担连带责任

第六十六条

提起环境损害赔偿诉讼的时效期间为三年，从当事人知道或者应当知道其受到损害时起计算。

第六十七条

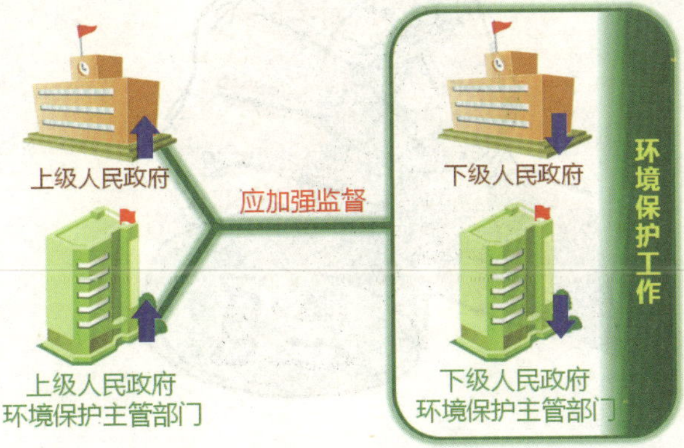

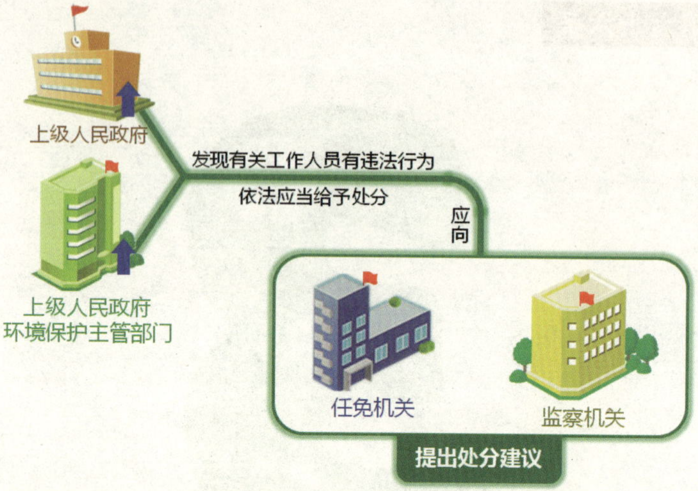
上级人民政府
上级人民政府
环境保护主管部门
发现有关工作人员有违法行为
依法应当给予处分
应向
任免机关
监察机关
提出处分建议

上级人民政府及其环境保护主管部门应当加强对下级人民政府及其有关部门环境保护工作的监督。

发现有关工作人员有违法行为，依法应当给予处分的，应当向其任免机关或者监察机关提出处分建议。

依法应当给予行政处罚，而有关环境保护主管部门不给予行政处罚的，上级人民政府环境保护主管部门可以直接作出行政处罚的决定。

第六十八条

<table>
<tr><td>责任主体</td><td colspan="2">地方各级人民政府、县级以上人民政府环境保护主管部门和其他负有环境保护监督管理职责的部门</td></tr>
<tr><td>违法行为</td><td colspan="2">1. 不符合行政许可条件准予行政许可
2. 对环境违法行为进行包庇
3. 依法应当作出责令停业、关闭的决定而未作出
4. 对超标排放污染物、采用逃避监管的方式排放污染物、造成环境事故以及不落实生态保护措施造成生态破坏等行为，发现或者接到举报未及时查处
5. 违反本法规定，查封、扣押企业事业单位和其他生产经营者的设施、设备
6. 篡改、伪造或者指使篡改、伪造监测数据
7. 应当依法公开环境信息而未公开
8. 将征收的排污费截留、挤占或者挪作他用
9. 法律法规规定的其他违法行为</td></tr>
<tr><td rowspan="2">违法后果</td><td>未造成严重后果</td><td>造成严重后果</td></tr>
<tr><td>对直接负责的主管人员和其他直接责任人员给予记过、记大过或者降级处分</td><td>对直接负责的主管人员和其他直接责任人员给予撤职或者开除处分

主要负责人应当引咎辞职</td></tr>
</table>

第六十九条

责任主体	违反本法规定的组织和个人
违法行为	构成犯罪
违法后果	依法追究刑事责任

第七章

附则

第七十条

本法自 2015 年 1 月 1 日起施行。